Paramahansa Yogananda
(1893 – 1952)

HUR DU KAN SAMTALA

—∽— MED —∽—

GUD

AV
PARAMAHANSA YOGANANDA

Self-Realization Fellowship
FOUNDED 1920
Paramahansa Yogananda

OM DENNA BOK: *Hur du kan samtala med Gud* är en sammanställning av två föredrag som gavs av Paramahansa Yogananda 1944 i de Self-Realization Fellowships tempel, vilka han uppförde i San Diego och Hollywood och där han brukade tala varannan söndag. Efter att ha hållit tal kring ett visst ämne i det ena templet brukade han ofta tala i det andra påföljande söndag och ta sig an olika aspekter på samma ämne som han påbörjat veckan innan. Hans föredrag under åren nedtecknades stenografiskt av en av de första och närmaste lärjungarna, Sri Daya Mata, president och andlig ledare för Self-Realization Fellowship under åren 1955-2010. *Hur du kan samtala med Gud* gavs ut första gången 1957, och har översatts till franska, tyska, italienska, polska, portugisiska, spanska och svenska.

Det engelska originalets titel, vilken publiceras av
Self-Realization Fellowship, Los Angeles, California, U.S.A:
HOW YOU CAN TALK WITH GOD

ISBN-13: 978-0-87612-160-3
ISBN-10: 0-87612-160-1

Översatt till svenska av Self-Realization Fellowship
Copyright © 2014 Self-Realization Fellowship

Godkänd av International Publications Council of
Self-Realization Fellowship
3880 San Rafael Avenue
Los Angeles, California 90065-3219, U.S.A.

Self-Realization Fellowship namn och emblem (som visas ovan) finns på alla SRF:s böcker, inspelningar och andra publikationer, vilket garanterar läsaren att verket har sitt ursprung i den organisation Paramahansa Yogananda skapade och troget följer hans undervisning.

Första upplagan på svenska utgiven av Self-Realization Fellowship, 2014
First edition in Swedish from Self-Realization Fellowship, 2014

ISBN-13: 978-0-87612-264-8
ISBN-10 : 0-87612-264-0

1417-J2692

Guds härlighet är stor. Han är verklig, och du kan finna Honom… Där du går på livets stig måste du stillsamt och säkert komma till insikt om att Gud är det enda verkliga och det enda mål som kan tillfredsställa dig; ty det är i Gud som svaret finns på hjärtats alla önskningar.

—*Paramahansa Yogananda*

Hur du kan samtala
med Gud

*Utdrag från föredrag av Paramahansa Yogananda
den 19:e och 26:e mars, 1944*

Att samtala med Gud är definitivt möjligt. I Indien har jag befunnit mig i helgons närvaro då de talade med den Gudomlige Fadern. Alla ni andra kan också samtala med Honom; inte en ensidig konversation utan i form av ett riktigt samtal, där du talar med Gud och Han svarar. Naturligtvis kan var och en tala *till* Herren. Men det jag diskuterar idag är hur vi kan förmå Honom att svara.

Varför ska vi tvivla? All världens heliga skrifter fylls av beskrivningar om samtal mellan Gud och människa. En av de vackraste av dessa händelser finns nedskriven i bibeln i Första Konungaboken 3:5–13.

"I Gibeon uppenbarade sig nu HERREN för Salomo i en dröm om natten; Gud sade: 'Bed mig om vad du vill att jag skall giva dig.' Salomo svarade: '…Så giv nu din tjänare ett vist hjärta'… och Gud sade till honom: 'Eftersom du har bett om sådant och icke bett om långt liv, ej heller bett om rikedom eller bett om dina fienders liv, utan har bett om att få förstånd till att akta på vad rätt är, se, därför vill jag göra såsom du önskar; se jag giver dig ett så vist och förståndigt hjärta…därtill giver jag dig ock vad du icke har bett om, nämligen både rikedom och ära.'"

Likaledes hade David själv många samtal med Herren där han även diskuterade världsliga ting med Honom: "frågade David Gud: 'Skall jag draga upp mot filistéerna? Vill du då giva dem i min hand?' HERREN svarade honom: 'Drag upp; jag vill giva dem i din hand[1].'"

Gud berörs endast av kärlek

Den vanliga människan ber till Gud endast med sitt sinne, ej med intensiteten i hela sitt hjärta. Sådana

---

[1] Första Krönikeboken 14:10.

böner är alltför svaga för att framkalla ett svar. Vi måste tala till den Gudomliga Anden med tillförsikt samt med en känsla av närhet såsom till en far eller en mor. Vårt förhållande till Gud måste vila på ovillkorlig kärlek. Mer än i något annat förhållande kan vi med rätta och helt naturligt kräva ett svar från Anden i form av den Gudomliga Modern. Gud tvingas att besvara en sådan vädjan, eftersom en mors väsen är kärlek och förlåtelse gentemot sitt barn oavsett hur stor syndare hon än må vara. Förhållandet mellan modern och barnet är den vackraste formen av mänsklig kärlek som Herren har gett oss.

En bestämd idé av Gud (såsom den Gudomliga Modern) är nödvändig, annars erhålls inget tydligt svar. Och begäran om Herrens svar måste vara stark; en halvhjärtad bön räcker inte. Om du bestämmer dig: "Han *kommer* att tala till mig"; om du vägrar att tro något annat, oavsett hur många år som Han ej svarat dig; om du fortsätter att lita på Honom, då kommer Han en dag att svara.

I *En Yogis Självbiografi* har jag skrivit om några av de många tillfällen då jag talat med Gud. Min första erfarenhet av att höra den Gudomliga Rösten inträffade när jag var ett litet barn. När jag satt på min säng en morgon försjönk jag i en djup dagdröm. "Vad finns bakom de slutna ögonens mörker?" Denna utforskande tanke trängde sig kraftfullt in i mitt sinne. En väldig ljusflamma uppenbarade sig med ens för min inre syn. På den stora ljusskärmen innanför min panna tog underbara gestalter av helgon form, där de satt i meditationsställning i bergsgrottor, likt biografbilder i miniatyr.

"Vilka är ni?" sade jag högt.

"Vi är Himalayas yogier." Det är svårt att beskriva det himmelska svaret; mitt hjärta fylldes av hänförelse.

"Åh, jag längtar efter att bege mig till Himalaya och bli lika er!" Synen försvann, men silverstrålarna utvidgade sig i allt större cirklar mot oändligheten.

Jag sade, "Vad är det underbara skenet för något?"

"Jag är Ishwara (Herren). Jag är Ljus." Rösten lät som lågt mullrande moln.

Min mor och äldsta syster Roma var i närheten när jag hade denna tidiga erfarenhet och de hörde också den Gudomliga Rösten. Jag kände en sådan lycka av Guds svar att jag beslöt mig där och då att söka

Honom tills jag blev helt och hållet ett med Honom.

De flesta tror att det bara finns mörker bakom slutna ögon. Men när du utvecklas andligt och koncentrerar dig på det "andliga" ögat i pannan kommer du att upptäcka att din inre syn öppnas. Du kommer att skåda en annan värld, en med mycket ljus och stor skönhet. Visioner av helgon, lika dem jag såg av yogier i Himalaya, kommer att framträda för dig. Om din koncentration fördjupas ytterligare kommer du också att höra Guds Röst.

Gång på gång talar skrifterna om Guds löfte att Han ska kommunicera med oss. "I skolen söka mig, och I skolen ock finna mig, om I frågen efter mig av allt edert hjärta." Jeremia 29:13. "HERREN är med eder, när I ären med honom, och om I söken honom, så låter han sig finnas av eder; men om I övergiven honom, så övergiver han ock eder." Andra Krönikeboken 15:2. "Se, jag står för dörren och klappar; om någon lyssnar till min röst och upplåter dörren, så skall jag gå in till honom och hålla måltid med honom, och han med mig." Uppenbarelseboken 3:20.

Om du bara en enda gång kan "bryta bröd" med Herren, bryta Hans tystnad, kommer Han ofta att tala med dig. Men i början är det mycket svårt; det är inte lätt att bli bekant med Gud, eftersom Han vill vara säker på att du verkligen önskar lära känna Honom. Han testar om det är Honom som den hängivne vill ha eller något annat. Han kommer inte att tala till dig förrän du övertygat Honom om att du inte har några andra begär som du döljer i ditt hjärta. Varför skulle Han visa sig för dig om ditt hjärta enbart är fyllt av längtan efter Hans gåvor?

Människans kärlek är hennes enda gåva till Gud

Hela skapelsen gjordes som ett test för människan. Vårt beteende i denna världen avslöjar om vi önskar Herren eller Hans gåvor. Gud kommer inte att meddela dig att du ska vilja ha Honom över allt annat, eftersom Han vill att din kärlek ska ges obetingat utan "påverkan". Det är hela hemligheten i detta universums spel. Han som skapade oss längtar efter vår kärlek. Han vill att vi ska ge den spontant, utan att Han ber om den. Vår kärlek är det enda som Gud inte äger såvida vi inte ger den. Så, förstår du, det finns även något som Herren vill uppnå: vår kärlek. Och vi kommer aldrig att vara lyckliga förrän vi ger den. Vi faller i många av lidandets fallgropar så länge som vi är likt oberäkneliga barn, lilleputtar som kryper på detta jordklot och suktar efter Hans gåvor, samtidigt som vi ignorerar Honom, den ende Givaren.

Vi kan inte göra oss själva rättvisa förrän vi lärt oss att manifestera Hans närvaro i oss eftersom Gud är Essensen i vårt väsen. Detta är sanningen. Det är för att vi är Gudomliga, en del av Honom, som vi inte kan finna en varaktig tillfredsställelse i något materiellt. "Se, alla ting flyr dig, för du flyr från Mig!²" Du kommer inte att bli tillfredsställd med något förrän du uppnår tillfredsställelse i Gud.

Är Gud personlig eller opersonlig?

*Ä*r Gud personlig eller opersonlig? Ett litet resonemang kring detta kommer att hjälpa dig i dina försök att kommunicera med Honom. Många tycker

---

² *The Hound of Heaven* av Francis Thompson.

inte om att tänka på Herren som personlig. De känner att en mänsklig uppfattning är begränsande. De anser Honom vara en Opersonlig Ande, Allsmäktig, den Intelligenta Kraft som har ansvaret för universum.

Men om vår Skapare är opersonlig, hur kommer det sig att Han har skapat människor? Vi är personliga, vi har individualitet. Vi tänker, känner och har en vilja, och Gud har inte bara gett oss förmågan att förstå andras tankar och känslor utan också att besvara dem. Herren saknar sannerligen inte den anda av ömsesidighet som besjälar Hans egen skapelse. Om vi tillåter det, kan och vill vår Himmelske Fader etablera ett personligt förhållande med var och en av oss.

När vi reflekterar över Guds opersonliga aspekt får vi intrycket av en avlägsen varelse, en som enbart tar emot de bönetankar som vi erbjuder utan att besvara dem; en som vet allt men ändå bibehåller en hjärtlös tystnad. Men detta är filosofiskt felaktigt eftersom Gud är allt: personlig så väl som opersonlig. Han skapade personer, mänskliga varelser. Deras Upphovsman skulle inte kunna vara helt och hållet opersonlig.

Det tillfredsställer ett djupt behov i våra hjärtan att tänka att Gud kan anta en mänsklig form för att komma och tala med oss. Varför gör Han det inte för alla? Många helgon har hört Guds röst. Varför inte du? "Du, O Herre, är osynlig, opersonlig, okänd och ogripbar, men jag tror ändå att Du kan 'fångas' in i en form genom djupet av min hängivenhet." Gud kan förmås manifestera i en personlig form genom intensiteten i din hängivenhet. Om du ber tillräckligt djupt kan du, i likhet med den helige Franciscus och andra stora, se Kristi levande kropp. Jesus var en personlig manifestation av Gud. Den som känner Brahma (Gud) är Brahma själv. Sade inte Kristus: "Jag och min Fader är ett[3]"? Swami Shankara har även förklarat: "Jag är Ande" och "Du är Det". Vi har många stora profeters ord på att alla människor är skapade till det Gudomligas avbild.

Jag får mycket av min kunskap från Gud istället för från böcker. Jag läser sällan. Jag talar om det som jag varseblir direkt. Det är därför som jag talar med auktoritet, auktoriteten från min direkta varseblivning av Sanningen. Hela världens åsikt kan vara emot

---

[3] Johannes 10:30.

den, men auktoriteten från en direkt upplevelse kommer alltid att godtas så småningom.

Innebörden av "Guds avbild"

I Bibeln läser vi: "...ty Gud har gjort människan till sin avbild[4]". Ingen har någonsin förklarat helt och fullt på vilka sätt människan är Guds avbild. Gud är Ande, och människan är till sitt naturliga väsen också Ande. Det är den egentliga innebörden i det bibliska avsnittet, men det finns även många andra, sanna tolkningar.

Hela människokroppen samt medvetandet och dess rörelser i den utgör en mikrokosmisk representation av Gud. I medvetandet finns allvetande och allestädesnärvaro. Du kan omedelbart tänka dig att du är vid Polstjärnan eller på Mars. I tanken finns det inget avstånd mellan dig och allt annat. På grund av människans medvetande kan man därför påstå att hon är gjord till Guds avbild.

Medvetandet är själv medvetet; det känner sig självt intuitivt. Gud är medveten om Sig själv i varje

[4] Första Moseboken 9:6.

atom av skapelsen, genom Sitt kosmiska medvetande. "Säljs inte två sparvar för en skärv? Och icke en av dem faller till jorden utan eder Faders vilja.[5]"

Människan har också den inneboende kraften av kosmiskt medvetande, fastän få utvecklar den. Människan har också viljekraft med vilken hon, likt Skaparen, ögonblickligen kan skapa världar; men det är dock få som utvecklar denna inneboende kraft. Till skillnad från djuren kan människan använda förnuftet. Alla de egenskaper som Gud har – medvetande, förnuft, vilja, känsla, kärlek – finns även i människan. Genom dessa kvaliteter kan människan sägas vara gjord till Guds avbild.

Den fysiska kroppen är inte materia utan energi

*D*en energi som vi känner i kroppen indikerar att det finns en oerhört mycket större kraft än bara den som får den individuella, fysiska kroppen att fungera. Den kosmiska energins kraft, vilken upprätthåller

[5] Matteus 10:29.

universa, vibrerar också i våra kroppar. Den kosmiska energin är en aspekt av Gud. Således är vi gjorda till Hans avbild även ur fysisk ståndpunkt.

Vad består då den energi vi har i kroppen utav? Vår fysiska kropp är gjord av molekyler, molekyler är gjorda av atomer, atomer är gjorda av elektroner och elektroner är gjorda av livskraft eller "livspartiklar" – oräkneliga miljarder prickar av energi. Med ditt andliga öga kan du se kroppen som en mängd blinkande ljusprickar – energin som kommer från dina tjugosju biljoner celler. Det är bara en illusion när du ser på din kropp som ett stycke kött, i själva verket är den energi och inte materia.

Det är för att du tror att du är gjord av kött och blod som du ibland föreställer dig själv som en vekling. Men om du lägger märke till medvetandet om Gud i din kropp kommer du att inse att köttet inte är något annat än en fysisk manifestation av de fem vibrerande elementen: jord, vatten, eld, luft och eter.

Människokroppen består av fem universella element

*H*ela universum – som är Guds kropp – är gjord av samma fem element som människokroppen består av. Människokroppens stjärnliknande form representerar strålarna från dessa fem element. Huvudet, de två händerna och de två fötterna utgör stjärnans fem spetsar. Även på detta sätt är vi gjorda till Guds avbild.

De fem fingrarna representerar också de fem vibratoriska elementen i den Kosmiska Intelligenta Vibration, vilken vidmakthåller skapelsens struktur. Tummen representerar det grövsta, vibratoriska elementet, jord; därav dess tjocklek. Pekfingret representerar vattenelementet. Långfingret representerar det rörliga eldelementet; det är därför som det är längst. Ringfingret representerar luft. Lillfingret representerar eter, som är mycket förfinat.

Genom att gnugga på ett av fingrarna upplivas den speciella kraft som det motsvarar. Således kan man genom att gnugga långfingret (det som motsvarar elementet eld) och naveln (beläget mittemot ländryggens "eld"-center, vilket reglerar matsmältning och näringsupptagning) få hjälp att bota matsmältningsbesvär.

Gud manifesterar rörelse i skapelsen. Människan har utvecklat ben och fötter på grund av sin drivkraft att uttrycka rörelse. Tårna är de fem energistrålarnas skapelser. Ögonen är symboler för Gud Fadern, Sonen och den Helige Ande i form av pupillen, iris och ögonvitan. När du koncentrerar dig på punkten mellan ögonbrynen reflekteras strömmen i de två ögonen som ett ljus och du ser det andliga ögat. Detta enda öga är "Guds öga". Vi har utvecklat två ögon på grund av den relativitetslag som råder i vårt dualistiska universum. Jesus sade, "Ögat är kroppens lykta. Om nu ditt öga är friskt, så får hela din kropp ljus".[6] Om vi ser igenom det andliga ögat, Guds enda öga, kommer vi att se att hela skapelsen består av en enda substans, Hans ljus.

Ett med Gud, ett med Guds makt

*T*ill syvende och sist har människan all makt. När ditt medvetande är förenat med Guds kan du ändra

[6] Matteus 6:22.

allt vad du vill. Bildelar kan bytas ut eller ändras när det behövs, men att åstadkomma liknande förändringar i den fysiska kroppen är mer komplicerat. Den grundläggande faktorn är sinnet som kontrollerar alla celler. När en människa uppnår full sinneskontroll kan hennes kroppsceller och delar bytas ut eller ändras så ofta som det behövs med blotta viljan. Till exempel skulle hon bara genom en tanke kunna få kroppens atomer att förändras och få en helt ny uppsättning tänder att uppstå. När man är andligt långt framskriden kontrollerar man materien helt och hållet.

Herren är Ande; det Opersonliga är osynligt. Men då Han skapade den fysiska världen blev Han Gud Fadern. Så snart som Han tog på sig rollen som Skapare, blev Han personlig. Han blev synlig: hela detta universum är Guds kropp.

I sin jordiska form har Han en positiv och en negativ sida – nord – och sydpolen. Stjärnorna är Hans ögon, gräset och träden är Hans hår; floderna Hans blodflöde. Oceanens rytande, lärkans sång, det nyfödda barnets gråt och alla andra ljud i skapelsen är Hans röst. Detta är den personliga Guden. Hjärtslagen bakom alla hjärtan är Hans pulserande, kosmiska energi. Han går i mänsklighetens 2,6 miljarder par fötter. Han arbetar genom alla händer. Det är Ett enda Gudomligt Medvetande som manifesteras i alla hjärnor.

På samma sätt som stjärnorna hålls i jämvikt i sina rätta banor hålls människokroppens celler samman på ett harmoniskt sätt genom Guds lag om attraktion och repulsion. Den allestädesnärvarande Herren är ständigt verksam; det finns ingen plats någonstans där det inte finns någon form av liv. Med en obegränsad frikostighet skapar Gud oupphörligt mångskiftande former – outtömliga manifestationer av Hans kosmiska energi.

Den Gudomliga Anden hade en exakt idé eller mönster i åtanke när Han skapade. Först gav Han yttre uttryck för hela universum och sedan skapade Han människan. Genom att åt Sig Själv bilda en fysisk kropp av planetsystem, manifesterade Gud tre aspekter: kosmiskt medvetande, kosmisk energi och kosmisk massa eller materia.

Dessa tre motsvarar i tur och ordning människans idé- eller kausala kropp, den astrala eller energikroppen samt den fysiska kroppen. Och själen eller Livet bakom dem alla är Ande.

Av Jagannath (*Kalyana-Kalpataru*)

DEN GUDOMLIGA MODERN

Den hinduiska konsten uppvisar Gud i sin aspekt som den Gudomliga Modern i form av en fyrarmad kvinna. En hand är upplyft som ett tecken på universell välsignelse. I de övriga tre händerna håller hon ett radband som symboliserar hängivenhet, blad ur helig skrift som symboliserar lärdom samt vishet och en kruka med heligt vatten som symboliserar rening.

Anden manifesterar sig makrokosmiskt som kosmiskt medvetande, kosmisk energi och materialiserade universa; mikrokosmiskt som mänskligt medvetande, mänsklig energi och den mänskliga kroppen. Återigen ser vi att människan verkligen gjorts till Guds avbild.

Gud "talar" genom vibration

Gud visar sig *verkligen* för oss i sin fysiska form. Han är mer personlig än vad du kan föreställa dig. Han är lika verklig och närvarande som du. Det är detta som jag vill berätta idag. Herren svarar oss alltid. Vibrationen av Hans tanke sänds hela tiden ut och detta kräver energi; denna energi manifesteras som ljud. Detta är mycket viktigt. Gud är medvetande. Gud är energi. "Att tala" innebär att vibrera. Genom vibrationen i Sin kosmiska energi talar Han hela tiden. Han har blivit skapelsens Moder som materialiserar Sig Själv som fasta och flytande ämnen, eld, luft och eter.

Den osynliga Modern uttrycker Sig oavbrutet i synliga former – i blommor, berg, hav och stjärnor. Vad är materia? Inget annat än en viss svängningsfrekvens i Guds kosmiska energi. Det finns ingen form i universum som är helt solid. Det som förefaller vara det är endast en kompakt eller grov vibration av Hans energi. Herren talar till oss genom vibrationer. Men frågan är hur man kan kommunicera direkt med Honom? Det är den svåraste bedriften av alla: att samtala med Gud.

Om du talar till ett berg, svarar det inte. Samtala med blommorna likt Luther Burbank och du kanske känner ett litet gensvar från dem. Och givetvis kan vi tala med andra människor. Men är Gud mindre svarsbenägen än blommor och människor i det att Han låter oss fortsätta tala till Honom utan att ge oss något svar? Så tycks vara fallet, eller hur? Problemet ligger inte hos Honom, utan hos oss. Vår intuitiva telefoni fungerar inte. Gud anropar oss och talar till oss men vi hör Honom inte.

Den kosmiska vibrationen
"talar" alla språk

*M*en helgonen hör Honom. Närhelst en viss mästare som jag kände brukade be, verkade det som att Guds svarande röst kom från himlen. Gud behöver ingen strupe för att tala. Om du ber tillräckligt starkt kommer dessa bönevibrationer att omedelbart framkalla ett vibratoriskt svar. Det manifesterar sig i det språk som du är van att höra. Om du ber på tyska hör du svaret på tyska. Om du talar engelska hör du svaret på engelska.

De skilda språkens vibrationer har sitt ursprung i den kosmiska vibrationen. Gud, som är den kosmiska vibrationen, kan alla språk. Vad är språk? Det är en viss vibration. Vad är vibration? Det är en viss energi. Och vad är energi? Det är en bestämd tanke.

Även om Gud hör alla våra böner svarar Han inte alltid. Vårt tillstånd liknar ett barns som ropar på sin mor, men modern tycker inte att det är nödvändigt för henne att komma. Hon ger barnet en leksak för att hålla det lugnt. Men när barnet vägrar att bli lugnat av något annat än moderns närvaro, då kommer hon. Om du vill lära känna Gud måste du vara som det okynniga lilla barnet som gråter tills modern kommer.

Om du bestämmer dig för att aldrig sluta kalla på Henne, kommer den Gudomliga Modern att samtala med dig. Det spelar ingen roll hur upptagen Hon än är med Sitt hushållsarbete med skapelsen, hon är tvungen att tala om du ihärdigt anropar Henne. De hinduiska heliga skrifterna talar om för oss att om en hängiven talar till Gud med intensiv hängivenhet utan något avbrott under ett dygn, kommer Han att svara. Men hur få gör det! Varje dag har du "viktiga åtaganden" – "djävulen" som håller dig borta från Gud. Herren kommer inte om du enbart ber en kort bön och därefter börjar tänka på något annat, eller om du ber på detta vis: "Himmelske Fader, jag ropar på Dig men jag är hemskt sömnig. Amen". Paulus sade, "Bedjen oavlåtligen[7]".

Den tålmodige Job höll långa samtal med Gud. Job sade till Honom: "Men hör nu, så vill jag tala; jag vill fråga dig, och du må giva mig besked. Blott hörsägner hade jag förnummit om dig, men nu har jag fått se dig med egna ögon.[8]"

När en älskare avlägger en mekanisk kärleksförklaring vet den älskade att hans ord inte är uppriktiga; hon "hör" vad som verkligen finns i hans hjärta. På liknande sätt vet Gud när hans hängivna ber till

---

[7] Första Thessalonikerbrevet 5:17.
[8] Jobs bok 42:4-5.

Honom om deras hjärtan och sinnen saknar hängivenhet och om deras tankar rusar planlöst omkring. Han svarar inte på halvhjärtade böner. Men till de hängivna som med djupaste intensitet ber och talar till Honom dag och natt; för dem visar Han sig. Till sådana hängivna kommer Han undantagslöst.

Nöj dig inte med något mindre än det allra högsta

*S*lösa inte bort tiden med att söka efter oväsentligheter. Naturligtvis är det lättare att få andra gåvor från Gud än den högsta gåvan som är Han Själv. Men nöj dig inte med mindre än det högsta. Jag har inte brytt mig om gåvorna som kommit till mig från Gud, utan Den som ligger bakom: Han, Givaren av alla gåvor. Varför blir alla mina önskningar förverkligade? Därför att jag går på djupet; jag går raka vägen till Gud. Jag ser Honom i varenda aspekt av skapelsen. Han är vår Fader; Han är närmare än den närmaste, mer kär än den käraste, verkligare än någon annan. Han är både möjlig och omöjlig att känna.

Gud ropar efter dig. Han vill att du ska återvända till Honom. Det är din födslorätt. En dag måste du lämna den här jorden; det är ingen bestående plats för dig. Jordelivet är inget annat än en skola där Han placerat oss för att se hur vi uppför oss; det är allt. Innan Han visar sig vill Gud veta om vi eftertraktar jordens glitter eller om vi uppnått tillräcklig visdom för att säga:

"Jag är färdig med allt det här, Herre. Jag vill bara samtala med Dig. Jag vet att Du är allt som jag verkligen har. När alla andra är borta, kommer du att vara hos mig."

Människorna söker lyckan i äktenskap, pengar, vin och så vidare; men sådana människor är ödets nickedockor. När detta förverkligande uppnåtts, förstår man livets verkliga mening och börjar naturligt söka Gud.

Vi måste göra anspråk på vårt förlorade, gudomliga arv. Ju mer osjälvisk man är, ju mer man försöker göra andra lyckliga, desto mer troligt är det att man tänker på Gud. Och ju mer man tänker på världsliga mål och mänskliga begär, desto längre bort försvinner själens lycka. Vi har inte blivit satta till denna jord för att kräla i sinnenas stoft och hejdas av lidanden vid varje livets skifte. Det som hör världen till är ont eftersom det undertrycker själens lycksalighet. Den största lyckan kommer av att låta sig genomsyras av tankar på Gud.

Varför skjuta upp lyckan?

*V*arför tänker du inte framåt? Varför tycker du att oväsentligheter är så viktiga? De flesta koncentrerar sig på frukost, lunch och middag, arbete, sociala aktiviteter och så vidare. Gör ditt liv enklare och låt hela ditt sinne uppfyllas av Herren. Jorden är en plats för förberedelse inför att återvända till Gud. Han vill se om vi älskar Honom mer än Hans gåvor. Han är Fadern och vi alla är Hans barn. Han har rätt till vår kärlek och vi har rätt till Hans. Våra svårigheter kommer sig av att vi försummar Honom. Men Han väntar alltid.

Jag önskar bara att Han hade gett oss alla lite mer vett. Vi har friheten att förkasta Gud eller acceptera Honom. Och här står vi och tigger, tigger, tigger om lite pengar, lite glädje, lite kärlek. Varför ber du om sådant som en dag måste tas ifrån från dig? Hur länge ska du klaga över pengar, sjukdomar och svårigheter? Grip odödligheten och Guds rike! Det är det du verkligen vill ha.

Ett Gudomligt rike står på spel

*H*elgonen betonar oberoende så att ett starkt materiellt band inte får hindra dig från att uppnå hela Guds rike. Försakelse betyder inte att man ger upp allt; det betyder att ge upp små nöjen för evig lycksalighet. Gud talar till dig när du arbetar för Honom, och du borde också tala med Honom oavbrutet. Berätta för Honom vilken tanke som än uppstår i ditt sinne. Och säg till Honom: "Herre, visa Dig, visa Dig". Godta inte tystnad som ett svar. Först kommer Han att svara genom att ge dig något som du har velat ha, på så sätt visar Han att du fått Hans uppmärksamhet. Men nöj dig inte med Hans gåvor. Låt Honom få veta att du aldrig kommer att bli nöjd förrän du har fått Honom. Till slut kommer Han att ge dig ett svar. Du kommer kanske att se ansiktet av ett helgon i en vision eller höra en Gudomlig Röst tala till dig; då kommer du att veta att du är i gemenskap med Gud.

Att locka Honom till att uppenbara Sig Själv kräver en stadig, oavbruten entusiasm. Ingen kan lära dig denna entusiasm. Det är något som du måste utveckla själv. "Man kan leda hästen till vattnet men inte få den att dricka". Likväl kommer hästen att entusiastiskt söka vattnet om den är törstig. När du sålunda har en omätlig törst efter det Gudomliga, när du inte slösar tid på oväsentligheter – vare sig världens eller kroppens prövningar – då kommer Han. Kom ihåg: när ditt hjärtas rop är starkt, när du inte godtar någon ursäkt, då kommer Han.

Du måste avlägsna alla tvivel från ditt sinne på att Gud ska svara. De flesta människor får inget svar på grund av sin brist på tro. Om du är absolut övertygad om att du ska uppnå något, då kan inget stoppa dig. Det är när du ger upp som du sätter dig till doms över dig själv. Den framgångsrika människan känner inte till ordet "omöjligt".

Tillit utgör den gränslösa Gudskraften inom dig. Gud är medveten att Han skapat allt; så tillit betyder vetskap och övertygelse att vi är skapta till Guds avbild. När vi är i samklang med Hans medvetande inom oss, kan vi skapa världar. Kom ihåg att i din vilja finns Guds allmakt. När en räcka svårigheter uppstår och du vägrar att ge upp trots dem; när ditt sinne blir "fast beslutet", då kommer du att finna att Gud svarar dig.

Gud, som är den kosmiska vibrationen, är Ordet. Gud, som Ordet, nynnar i alla atomer. Den djupt mediterande hängivna kan höra musik som strömmar ut ur universum. Nu, i detta ögonblick, hör jag Hans röst. Det Kosmiska Ljudet[9] som du hör i meditation är Guds röst. Det ljudet formar sig till ett språk som du kan förstå. När jag lyssnar till *Aum* och emellanåt ber Gud att säga mig något, förvandlas ljudet av *Aum* till engelska eller bengaliska och ger mig detaljerade anvisningar.

Gud talar till människan även genom hennes intuition. Om du lär dig hur du lyssnar[10] till den Kosmiska Vibrationen är det lättare att höra Hans röst. Men även om du endast ber till Gud genom den kosmiska etern, och om din vilja är tillräckligt stark, kommer etern att svara med Hans röst. Han talar alltid till dig och säger:

[9] *Aum (Om)* den medvetna, intelligenta, kosmiska vibrationen eller Helige Ande.
[10] Genom en viss forntida teknik som lärs ut i *Self-Realization Fellowships lektioner.*

"Kalla på Mig, tala till Mig från djupet av ditt hjärta, från ditt väsens innersta, från din själs största djup; ihärdigt, mäktigt, beslutsamt, med ett fast beslut i ditt hjärta att du ska fortsätta söka Mig oavsett hur många gånger jag inte svarar. Om du oupphörligt i ditt hjärta viskar till Mig, 'O min tysta Älskade, tala till mig', då kommer jag till dig, Min hängivna."

Om du kan få det gensvaret en enda gång kommer du aldrig att känna dig åtskild från Honom igen. Den gudomliga erfarenheten kommer för alltid att förbli hos dig. Men denna "enda gång" är svår eftersom hjärta och sinne inte är övertygade; tvivlet kommer smygande på grund av vår tidigare tilltro till det materiella.

Hjärtats viskningar från sant hängivna får Guds svar

Gud kommer att svara varenda mänsklig varelse oavsett hennes kast, tro eller hudfärg. Det finns ett talesätt på bengaliska, att om du med din själ anropar Gud som den Universella Modern kan Hon inte förbli tyst. Hon måste tala. Det är vackert, eller hur?

Tänk på allting som kommit till mig idag och det som jag berättat för er. Ni ska aldrig mer tvivla på att Gud ska svara om ni är ståndaktiga och ihärdiga i era krav. "Och HERREN talade med Moses ansikte mot ansikte, såsom när den ena människan talar med den andra[11]."

---

[11] Andra Moseboken 33:11.

OM FÖRFATTAREN

Paramahansa Yogananda (1893–1952) betraktas allmänt som en av de framträdande, andliga gestalterna i vår tid. Född i norra Indien, kom han till Förenta Staterna 1920. Under de följande tre årtiondena bidrog han på betydande sätt till ett vidgat medvetande och ökad uppskattning i Väst för Österns eviga visdom genom sitt författarskap, omfattande föredragsturnéer och skapandet av en rad Self-Realization Fellowship[12]-tempel och meditationscentra. Hans berömda livshistoria, *En Yogis Självbiografi*, liksom hans många andra böcker och hans heltäckande lektionsserier för självstudier har introducerat miljontals människor till Indiens urgamla meditationsvetenskap och metoder för att uppnå ett balanserat välbefinnande för kropp, sinne och själ. Under ledning av en av hans närmaste lärjungar, Sri Mrinalini Mata, bärs hans andliga och humanitära verksamhet vidare idag av

---

[12] Bokstavligen "Samfundet för självförverkligande". Paramahansa Yogananda har förklarat att namnet Samfundet för självförverkligande står för "Gemenskap med Gud genom självförverkligande, och vänskap med alla själar som söker sanningen."

Self-Realization Fellowship, den internationella organisation han grundade 1920 med syfte att sprida hans läror över världen.

ANDRA BÖCKER AV PARAMHANSA YOGANANDA

Kan rekvireras från bokhandlare eller
direkt från utgivaren:
Self-Realization Fellowship
3880 San Rafael Avenue, Los Angeles, California 90065-3219, U.S.A.
Tel. (323) 225-2471, Fax: (323) 225-5088
www.yogananda-srf.org

BÖCKER PÅ SVENSKA AV PARAMAHANSA YOGANANDA

En Yogis Självbiografi

Lagen om framgång

Hur du kan samtala med Gud

Metafysiska meditationer

BÖCKER PÅ ENGELSKA AV PARAMAHANSA YOGANANDA

Tillgängliga i bokhandeln eller direkt från förlaget:

Self-Realization Fellowship
3880 San Rafael Avenue • Los Angeles, California 90065-3219
Tel (323) 225-2471 • Fax (323) 225-5088

Autobiography of a Yogi

The Second Coming of Christ:
The Resurrection of the Christ Within You
En klargörande kommentar till Jesu ursprungliga läror.

God Talks With Arjuna;
The Bhagavad Gita
En ny kommenterad översättning.

Man's Eternal Quest
Volym I av Paramahansa Yoganandas föreläsningar och
informella samtal.

The Divine Romance
Volym II av Paramahansa Yoganandas föreläsningar och
informella samtal.

Journey to Self-realization
Volym III av Paramahansa Yoganandas föreläsningar och
informella samtal.

Wine of the Mystic:
The Rubaiyat of Omar Khayyam – A Spiritual Interpretation
En inspirerande förklaring som kastar ljus över den mystiska
Gudskontakten som ligger under Rubaiyats gåtfulla bildspråk.

Where There is Light:
Insight and Inspiration for Meeting Life's Challenges

Whispers from Eternity
En samling av Paramahansa Yoganandas böner och gudomliga
upplevelser mottagna i upphöjda meditativa tillstånd.

The Science of Religion

The Yoga of the Bhagavad Gita:
An Introduction to India's Universal Science of God-Realization

The Yoga of Jesus:
Understanding the Hidden Teachings of the Gospels

In the Sanctuary of the Soul:
A Guide to Effective Prayer

Inner Peace:
How to Be Calmly Active and Actively Calm

To Be Victorious in Life

Living Fearlessly:
Bringing Out Your Inner Soul Strength

How You Can Talk With God

Metaphysical Meditations
Mer än 300 andliga, upplyftande meditationer, böner och
affirmationer.

Scientific Healing Affirmations
Paramahansa Yogananda presenterar här en djup förklaring
till affirmationernas vetenskap.

Sayings of Paramahansa Yogananda
En samling uttalanden och visa råd som bibringar
Paramahansa Yoganandas rättframma och kärleksfulla svar
till dem som kom till honom för vägledning.

Songs of the Soul
Mystisk poesi av Paramahansa Yogananda

The Law of Success
Förklarar de dynamiska principerna för att uppnå ens mål i livet.

Cosmic Chants
Ord (på engelska) och musik till 60 hängivna sånger, med
en introduktion som förklarar hur andlig sång kan leda till
gudskontakt.

LJUDINSPELNINGAR MED PARAMAHANSA YOGANANDA

Beholding the One in All

Awake in the Cosmic Dream

Songs of My Heart

Be a Smile Millionaire

The Great Light of God

To Make Heaven on Earth

One Life Versus Reincarnation

Removing All Sorrow and Suffering

In the Glory of the Spirit

Follow the Path of Christ, Krishna, and the Masters

Self-Realization: The Inner and the Outer Path

ANDRA PUBLIKATIONER FRÅN
SELF-REALIZATION FELLOWSHIP

En komplett katalog, som beskriver alla Self-Realization Fellowship publikationer och audio/DVD-inspelningar kan erhållas på begäran.

The Holy Science
av Swami Sri Yukteswar

Only Love:
Living the Spiritual Life in a Changing World
av Sri Daya Mata

Finding the Joy Within You:
Personal Counsel for God-Centered Living
av Sri Daya Mata

Enter the Quiet Heart:
Creating a Loving Relationship with God
av Sri Daya Mata

God Alone:
The Life and Letters of a Saint
av Sri Gyanamata

"Mejda":
*The Family and the Early Life
of Paramahansa Yogananda*
av Sananda Lal Ghosh

Sel-Realization
*(en kvartalstidskrift grundad 1925
av Paramahansa Yogananda)*

SELF-REALIZATION FELLOWSHIPS LEKTIONER

De vetenskapliga meditationstekniker som lärdes ut av Paramahansa Yogananda, inbegripet *Kriya Yoga* – samt hans ledning på alla aspekter av ett balanserat, andligt liv – presenteras i *Self-Realization Fellowships lektioner*. För ytterligare upplysningar, rekvirera den kostnadsfria broschyren *"Undreamed-of Possibilities"* som finns tillgänglig på följande språk: engelska, spanska och tyska.

SELF-REALIZATION FELLOWSHIPS MÅL OCH IDEAL

*Som de formulerats av Paramahansa
Yogananda, grundare
Sri Mrinalini Mata, ordförande*

Att sprida kunskap i alla länder om exakta, vetenskapliga tekniker för att uppnå en direkt, personlig upplevelse av Gud.

Att lära ut att livets mening är utveckling, genom egen ansträngning, av människans begränsade, dödliga medvetande till Gudsmedvetande och att för detta ändamål etablera tempel inom Self-Realization Fellowship för Gudsgemenskap i hela världen och uppmuntra till etablerandet av enskilda Gudstempel i hemmen och i människors hjärtan.

Att visa den fullkomliga harmonin och grundläggande enheten mellan den ursprungliga kristendomen, såsom den lärdes ut av Jesus Kristus, och den ursprungliga yogan som den lärdes ut av Bhagavan Krishna, samt visa att dessa sanningens principer utgör alla sanna religioners gemensamma, vetenskapliga grundval.

Att peka på det gudomliga huvudstråk som alla sanna religiösa övertygelser förr eller senare, leder till: Huvudstråket i form av daglig, vetenskaplig, hängiven meditation på Gud.

Att befria människan från hennes trefaldiga lidande: Kroppslig sjukdom, mental disharmoni och andlig omedvetenhet.

Att uppmuntra till "enkelt leverne och högt tänkande" och att sprida en anda av broderskap mellan alla folk genom att lära ut den eviga grunden för deras enhet: Likhet med Gud.

Att visa på sinnets överhöghet över kroppen, andens överhöghet över sinnet.

Att övervinna ondska med godhet, sorg med glädje, grymhet med vänlighet, okunskap med vishet.

Att förena vetenskap och religion genom förverkligande av enheten i deras underliggande principer.

Att förespråka kulturell och andlig förståelse mellan Öst och Väst, och ett utbyte av deras finaste, utmärkande egenskaper.

Att tjäna mänskligheten som ens större Jag.

www.ingramcontent.com/pod-product-compliance
Lightning Source LLC
Chambersburg PA
CBHW021118020426
42331CB00004B/539